Dein eigener Apple Store aus LEGO

Die offizielle Bauanleitung von FamousBrick

1. Auflage (2016)

FamousBrick
Pascal Giessler

- made with ♡ at Lake Constance -

Anschrift
FamousBrick
Pascal Giessler
Hoyerbergstraße 67
88131 Lindau (Bodensee)
Deutschland

Webseite
www.famousbrick.de
www.famousbrick.de/MyLegoAppleStore

E-Mail
kontakt@famousbrick.de

Vorwort

Bereits in meinen Kindesschuhen verliebte ich mich in die bunten Steine aus Dänemark. Eine ganze Stadt aus den kleinen Steinen steht noch heute verpackt in zahlreichen Kartons gut verstaut auf dem Dachboden. Ich erinnere mich noch sehr gut, wie sich um meinen Flughafen eine komplette Stadt aus LEGO entwickelte. Neben meterlangen Straßen erweiterten zwei Eisenbahnen-Linien das Stadtnetz. Eine Polizeiwache. Eine Feuerwehr. Sogar eine Pizzeria mit angrenzender Eisdiele waren Bestandteil meiner eigenen »LEGO-City« und ich mit meinen jungen Jahren mittendrin.

Fast jeder kennt die kleinen Minifiguren aus Billund, welche Bestandteile von so fast jedem LEGO-Set sind. Zu Beginn (noch ein paar Jahre vor der Erbauung meiner Stadt) produzierte der Steinegigant LEGO lediglich geschlechtsneutrale Figuren, mit einem einfachen Lächeln im Gesicht und schlichten Äußerem. Mit der Zunahme an verschiedenen Lego-Sets begannen aber auch die Variationen der kleinen Minifiguren zu steigen. Frauen, Männer, Kinder. Unzählige Gesichter, Oberkörper, Beine verließen auf diesem Wege die LEGO-Fabriken. Die Zahl der möglichen Kombinationen mag man sich nicht ausmalen, insbesondere unter dem Gesichtspunkt, dass LEGO nach wie vor Jahr für Jahr neue Teile produzieren lässt und damit die Herzen der Fans höher schlagen lässt.

Nach einigen Jahren der Abstinenz in meiner Karriere als großer Städtebauer gründete ich im Jahre 2014 das erfolgreiche Startup-Unternehmen »FamousBrick«. Hinter dem Namen verbergen sich kleine Berühmtheiten aus LEGO. In meiner kleinen LEGO Manufaktur in Lindau am schönen Bodensee entstanden so nach und nach Berühmtheiten. Steve Jobs, Gründer von Apple, und Bill Gates, Gründer von Microsoft, bildeten hierbei nur den Anfang einer ganzen Reihe.

Ganz im Sinne der bekannten Markenkampagne »Imagine« (erstellt von »Jung von Matt«) möchte LEGO natürlich die Kreativität seiner Bauherren zum Leben erwecken. Es gilt also aus den fertigen Sets auszubrechen, neue Bauwerke zu erschaffen und seiner Fantasie freien laufen zu lassen. Und genau das werden wir in diesem Buch gemeinsam tun.

LEGO Werbekampagne »Imagine«, Jung von Matt

Idee & Konzept

Nachdem sich die Berühmtheiten im Hause FamousBrick erfolgreich vermehrt hatten, galt es ein adäquates Diorama für die kleinen Minifiguren zu erschaffen. Im Apple-Universum gelten die bekannten Apple Stores als heilige Hallen. Was lag also näher als genau diesen Ort als Treffpunkt für die Größen aus der IT-Branche zu verwirklichen. Gesagt getan.

Die Idee war nicht wirklich neu. Bereits eine Handvoll erwachsener LEGO-Fans hatte sich den Apple-Store als Vorbild für ein MOC genommen. Es ist immer wieder erstaunlich, welche Ausmaße solche Projekte bei den alt eingesessnen Fans einnehmen.

Das Problem bei den bereits existierenden Umsetzungen lag jedoch schnell auf der Hand. Die Komplexität lag auf einem absolut hohen - nicht erreichbaren - Niveau. Man könnte meinen, dass die Bauwerke aus einem Legoland entnommen wurden.

Aus diesem Grund galt es also zu adaptieren. Auf der Vorhabenliste standen die beiden folgenden Punkte:

• Wiedererkennbarkeit
• Umsetzbarkeit

Wiedererkennbarkeit

Es wurde bewusst reduziert und vereinfacht, aber stets unter dem Gesichtspunkt, dass die bekannten Merkmale des Gebäudes erkennbar bleiben. Bei der Konzeption hatte ich stets das Ziel vor Augen, dass das Set genauso verständlich und aufbaubar bleibt wie die LEGO-Sets, welche man in fast allen Spielwarenläden zum Kauf angeboten bekommt. Die weltweiten Apple Stores folgen prinzipiell immer einer klaren Linie. Der Aufbau selbst sowie die Einrichtung sind von A-bis-Z durchgeplant. In unserem Fall diente kein bestimmter Apple-Store als Vorbild, vielmehr wurden die typischen Bauweisen und Elemente adaptiert und in die LEGO-Welt transformiert.

• gläserne Front
• offener Eingangsbereich
• prägnante Produktbereiche (iPhone, iPad, Mac)
• klare Formen und Linien
• Genius Bar - Anlaufstelle für jegliche Probleme und Fragen

Unser Apple Store LEGO-Nachbau könnte sich in seiner Form in jedem typischen Einkaufszentrum oder Verkaufsstraße wiederfinden.

Zu jedem Apple Store gehören natürlich auch dessen Mitarbeiter, welche typischer Weise mit blauen Oberteilen (mit Apple-Logo versteht sich) präsent sind. Nach Baufertigstellung darf selbstverständlich auch in unseren Store ein Apple Mitarbeiter im Laden nicht fehlen.

"Imagine" (deutsch: stell dir vor) heißt also ganz wie bei LEGO auch hier das Zauberwort. Die vorliegende Anleitung darf und sollte auch gerne als Grundlage für Erweiterungen und Vergrößerungen angesehen werden. Der Inspiration sind keine Grenzen gesetzt. Vielleicht entsteht schon bald darauf ein zweites Stockwerk oder eine noch größere Ladenfläche - ganz nach Deinen Vorstellungen und Belieben.

Umsetzbarkeit

Wo nehme ich überhaupt die ganzen Steine her? Eine essentielle Frage, auf welche später noch eine Antwort gegeben wird.
Auch unter diesem Punkt wurde die Bauwerksgröße von unserem Store bemessen und die Steinauswahl getroffen. Es wird also nicht passieren, dass Dein eigener Apple Store scheitert, weil irgendwelche sehr seltenen Steine fehlen und nicht aufgetrieben werden können.
Genau unter diesen Gesichtspunkten ist der Apple Store von FamousBrick entstanden, so wie Du ihn Dir nach der Anleitung Schritt für Schritt zusammenbauen kannst. Bis zu dieser fertigen Bauanleitung entstanden mehrere fertige Prototypen. Es wurden zahlreiche, verschiedene Aufbauten innerhalb der Ladenflächen ausprobiert und auch real nachgebaut.

Die Dimension vom Store wurde bewusst auf den Maßstab der Minifiguren angepasst, dies ermöglicht bereits vorhandene Figuren spielend leicht zu integrieren. Das fertige Bauwerk wird insbesondere mit einigen Besuchern zum Leben erweckt.

Prototypen

Bei der Arbeit an diesem Projekt sind auch ein paar Prototypen entstanden, welche ein paar besonders bekannte Apple-Stores als Vorbild hatten. Letztendlich wurden dies jedoch verworfen, weil sie mit dem Punkt Umsetzbarkeit nicht vereinbar waren. Als optimale Basis für das Prototyping diente hierfür das LEGO Architecture Studio Set (21050), welches über 1200 weiße und transparente LEGO-Steine enthält und sich somit besonders gut für unser Vorhaben eignete.

Apple Store Fifth Avenue in New York

Apple Store Kurfürstendamm in Berlin

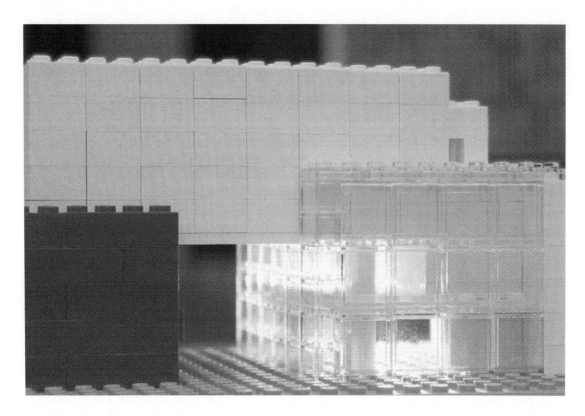

Apple Store Sanlitun in Peking

Teile

Vorweg: Die Bauanleitung verweist ausschließlich auf originale LEGO-Teile. Diese besitzen eine gleichbleibend, hohe Qualität und eignen sich natürlich auch auf Grund der Vielfalt ausgezeichnet für dieses Vorhaben.

Steine

Der Store selbst wurde bewusst mit weißen Steinen konzipiert. Dies unterstreicht die klaren Designlinien, welche sich in den Ladengeschäften von Apple wiederfinden. In Anlehnung an die realen Vorbilder wird mit dieser Farbgestaltung auch eine freundliche und offene Atmosphäre wiedergespielt. Einzelne Elemente, insbesondere die Produktgruppen (iPhone, iPad, Mac Pro) wurden wiederum mit schwarz abgesetzt. Daraus ergibt sich ein kontrastreicher und aussagekräftiger Apple Store. Bei der Grundplatte fiel die Entscheidung auf eine graue Farbgebung, welche perfekt die Steinböden aus dem Vorbild abstrahiert darstellt.

Die Farben dienen natürlich nur als Empfehlung. Es versteht sich von selbst, dass sich auch andere Farbkombinationen umsetzen lassen. Der Apple Store besteht größtenteils aus sogenannten Basis-Steinen. In jeder größeren LEGO-Kiste sollten sich zahlreiche dieser Bausteine wiederfinden. Zum Einsatz kommen - wie gesagt- keinerlei "seltener" Steine, welche unmöglich aufzutreiben sind.

Falls doch der ein oder andere Stein beim Aufbau fehlen sollte, wird auf der internationalen und größten Handelsplattform für LEGO-Steine namens »Bricklink« fündig.
Weiterhin bieten wir auf unserer Webseite von FamousBrick ein paar vollständige Sets zum Kauf an:
www.famousbrick.de/MyLegoAppleStore

Alternative steht jedem natürlich auch die kreative Möglichkeit der Improvisation frei.

Aufkleber

Zur letztendlichen Perfektion fehlt nur noch das bekannte Logo mit dem angebissenen Apfel als Aushängeschild für Deinen eigenen Apple Store. Wenn man so möchte, ist es auch das einzige Teil, welches dann doch nicht von LEGO stammt. Als Apple-Fan hat man vielleicht noch einen passenden Apple Aufkleber auf Lager oder ihr schaut ebenfalls mal auf unserer Webseite vor. Wir haben noch ein paar passende Sticker auf Lager.

Aufbau Apple Store

Die Anleitung führt Schritt für Schritt zum fertigen Endergebnis. In den einzelnen Schritten werden die verwendeten Steine in Form und Anzahl dargestellt.

Zur besseren Verständlichkeit wurde die Bauanleitung in vier Bauschnitte unterteilt. Während dieser Abschnitte werden die einzelnen Bereiche (wie beispielsweise die Genius Bar oder die Produktbereiche) anschaulich zusammengesetzt.

Die gesamte Anleitung ist dem Stil der bekannten LEGO-Anleitungen nachempfunden.

Bauanleitung

Verwendete Teile

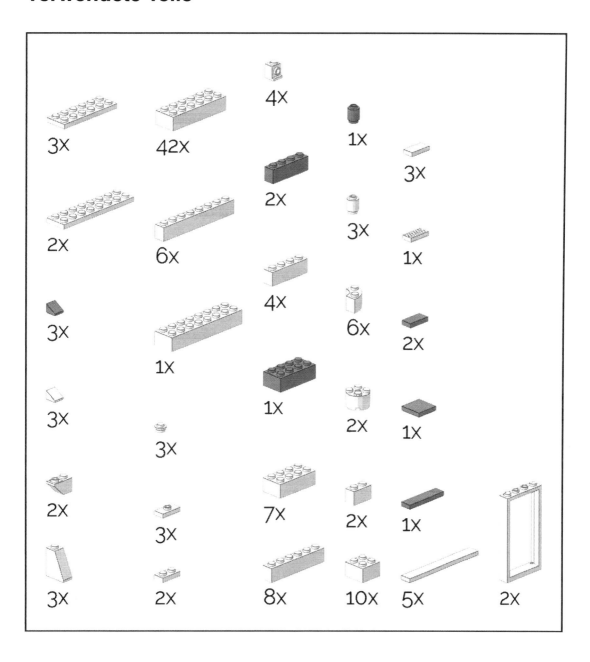

Anzahl	Teilnummer	Bezeichnung (Bricklink)	Farbe
42	2456	Brick 2 x 6	Weiß
10	3003	Brick 2 x 2	Weiß
8	3009	Brick 1 x 6	Weiß
7	3001	Brick 2 x 4	Weiß
6	3008	Brick 1 x 8	Weiß
6	85080	Brick 2 x 2 Corner Round w Stud Notch and Reinforced Underside	Weiß
5	4162	Tile 1 x 8	Weiß
4	3010	Brick 1 x 4	Weiß
4	4070	Brick 1 x 1 with Headlight	Weiß
3	3062b	Brick 1 x 1 Round with Hollow Stud	Weiß
3	3069b	Tile 1 x 2 with Groove	Weiß
3	3794b	Plate 1 x 2 with Groove with 1 Centre Stud	Weiß
3	3795	Plate 2 x 6	Weiß
3	4073	Plate 1 x 1 Round	Weiß
3	54200	Slope Brick 31 1 x 1 x 0.667	Schwarz
3	54200	Slope Brick 31 1 x 1 x 0.667	Weiß
3	60481	Slope Brick 65 2 x 1 x 2	Weiß
2	57895	Glass for Window 1 x 4 x 6	Transparent
2	3004	Brick 1 x 2	Weiß
2	3010	Brick 1 x 4	Schwarz
2	3023	Plate 1 x 2	Weiß
2	3034	Plate 2 x 8	Weiß
2	3069a	Tile 1 x 2 without Groove	Schwarz
2	3665	Slope Brick 45 2 x 1 Inverted	Weiß
2	3820	Minifig Hand	Gelb

Anzahl	Teilnummer	Bezeichnung (Bricklink)	Farbe
2	3941	Brick 2 x 2 Round	Weiß
2	60596	Door 1 x 4 x 6 Frame	Weiß
1	973	Minifig Torso	Blau
1	2431	Tile 1 x 4 with Groove	Schwarz
1	3001	Brick 2 x 4	Schwarz
1	3007	Brick 2 x 8	Weiß
1	3062b	Brick 1 x 1 Round with Hollow Stud	Schwarz
1	3068b	Tile 2 x 2 with Groove	Schwarz
1	3069bp80	Tile 1 x 2 with Keyboard Pattern	Weiß
1	3626bp01	Minifig Head with Standard Grin Pattern	Gelb
1	3815	Minifig Hips	Schwarz
1	3816	Minifig Leg Right	Schwarz
1	3817	Minifig Leg Left	Schwarz
1	3818	Minifig Arm Right	Blau
1	3819	Minifig Arm Left	Blau
1	3857	Baseplate 16 x 32 with Square Corners	Dunkelgrau
1	3901	Minifig Hair Male	Braun

Der Apple Store: Bauabschnitt I

Im ersten Bauabschnitt werden wir das Fundament und die Grundzüge des Apple Stores errichten. Für unseren Aufbau verwenden wir eine Grundplatte mit den Maßen 16 x 32. Eine größere Grundplatte eignet sich natürlich ebenfalls für den Aufbau und bietet später mehr Möglichkeiten sowie Freiheiten für einen späteren Ausbau. Für den Grundaufbau der Mauern werden massive Basissteine verwendet, in Großzahl kommen hierbei 2 x 6 Steine zum Einsatz.

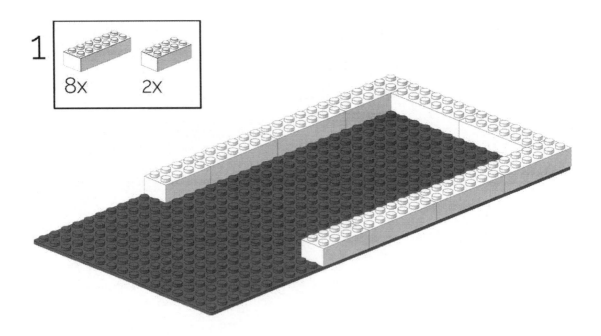

Bereits im zweiten Schritt werden einzelne Aussparungen auf der linken und rechten Seite im vorderen Teil des Apple Stores geschaffen. Die Aussparungen dienen im weiteren Verlauf als Träger für die Tische mit den einzelnen Produktgruppen.

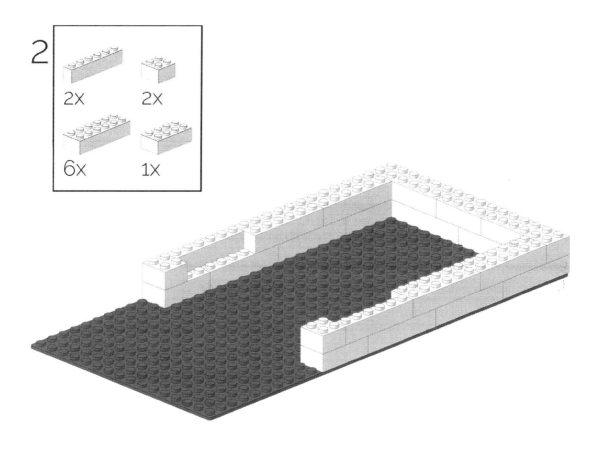

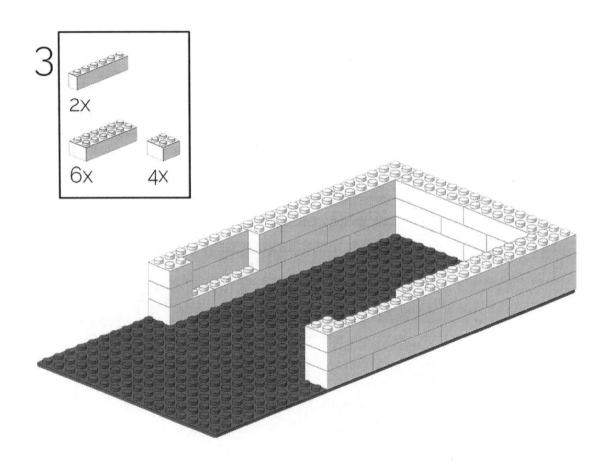

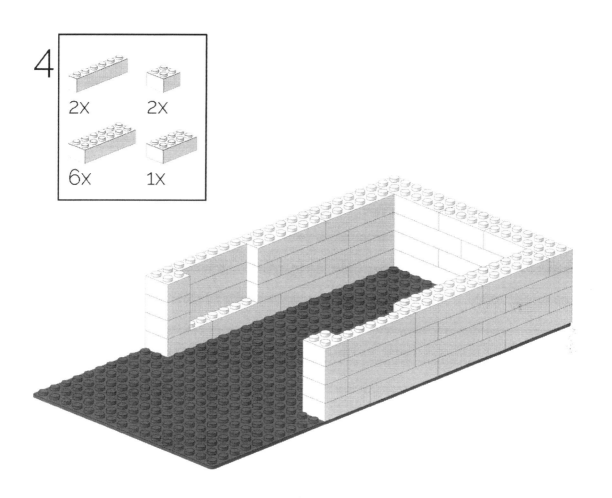

4

2x 2x

6x 1x

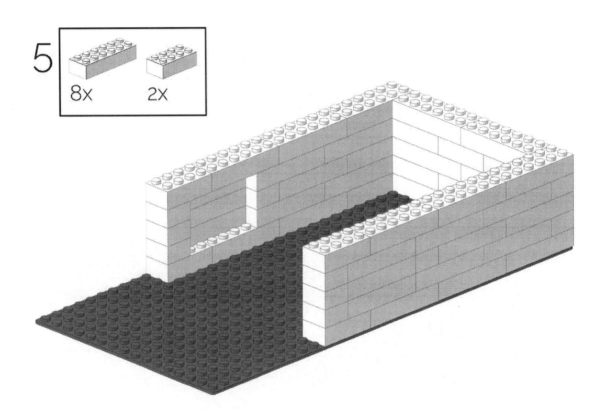

Mit einer höhen von sechs Steinen erlangt der Apple Store seine letztendliche Höhe.
Die gläserne Front bietet perfekten Blick in die Ladenfläche und der offene
Eingangsbereich lädt zum willkommenen Eintreten ein.
Auf eine geschlossene Deckenkonstruktion wurde bewusst verzichtet. Dies ermöglicht
stets einen freien Blick in das Geschehen und unterstreicht die offene und helle
Architektur vom realen Vorbild.

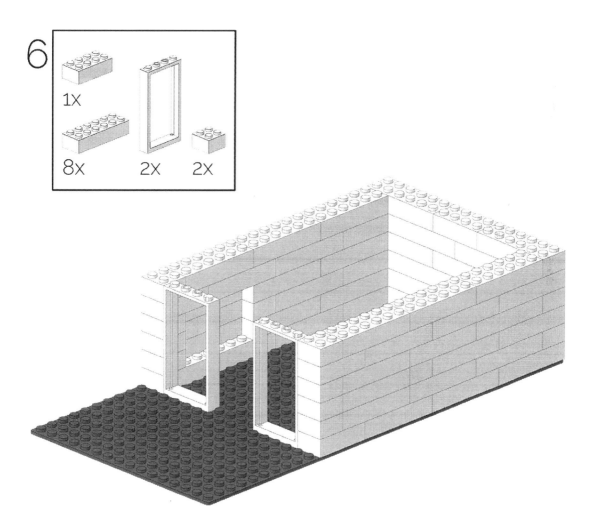

Der Apple Store: Die Zubehör-Regale

Neben den vielen Produkten, die man direkt mit Apple assoziiert, werden auch einige praktische Zubehör-Teile angeboten. In jedem Apple Store befindet sich im hinteren Bereich eine Auswahl an passenden und nützlichem Zubehör. Und auch in unserem Apple Store dürfen zwei Regale mit iPhone-Taschen, Speichermedien, Kabeln und anderen ausgefallenen Gadgets nicht fehlen.

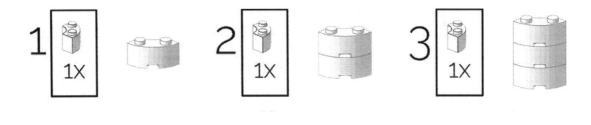

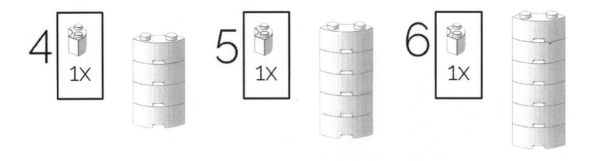

1 1X 2X

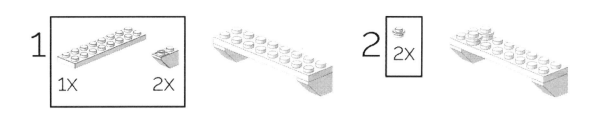

2 2X

3 1X

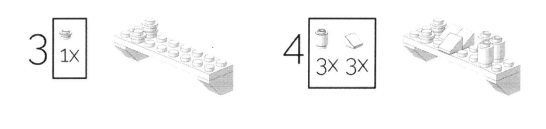

4 3X 3X

5 3X

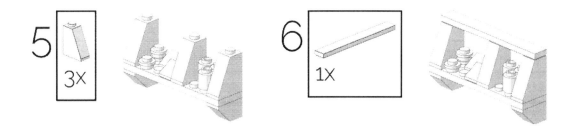

6 1X

Der Apple Store: Mac Pro

Der Mac Pro kennzeichnet deutlich die Wiederkehr von Apple-Produkten für den professionellen Einsatz. Natürlich darf das Flaggschiff unter den Apple Computern, mit seinem besonderen Design und der markanten schwarzen Außenhülle, in keinem Apple Store fehlen. Angeschlossen an ein Thunderbolt Display und ein Magic Keyboard wird die volle Kraft des Setups entfalten.

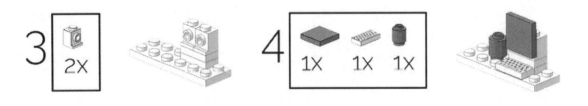

Der Apple Store: Bauabschnitt II

Im zweiten Bauschnitt werden bereits die fertigen Zubehör-Regale und der Tisch mit dem Mac Pro verbaut. Durch die typischen Elemente gewinnt Dein Apple Store langsam aber sicher an Form und Wiedererkennungswert.

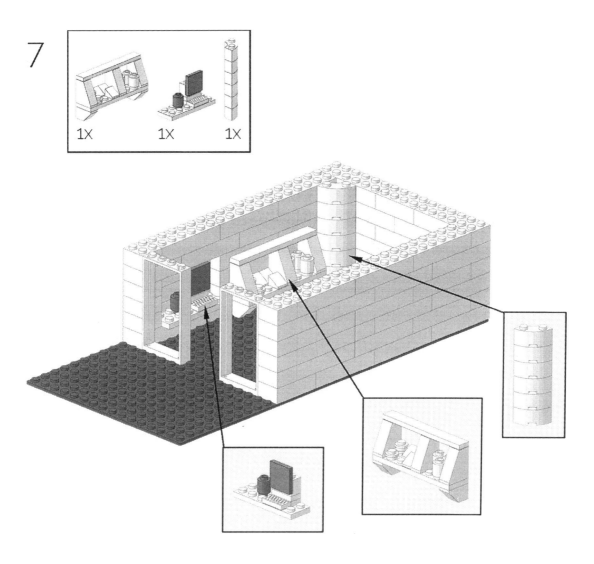

Der Apple Store: »iPhone«-Tisch

Das wohl mit Abstand beliebteste und erfolgreichste Produkt im Apple-Store ist das iPhone. Auch in unserem Apple Store laden die iPhones auf den passenden Docks zum Ausprobieren ein. In diesem Fall haben wir uns für zwei iPhone in der Farbe space-grey entschieden.

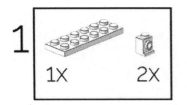 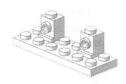 

Der Apple Store: Bauabschnitt III

8 1x

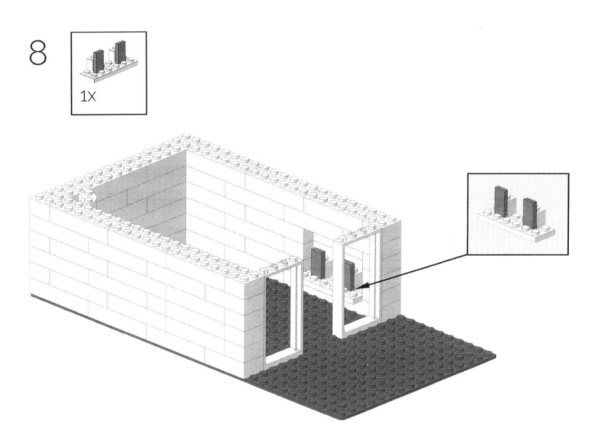

Der Apple Store: »iPad«-Tisch

Die Tablet-Computer, mit dem angebissenen Apfel auf der Rückseite, dürfen natürlich auch nicht fehlen. Mit der Ankündigung und der erfolgreichen Umsetzung der iPads hat sich Apple mit diesem Produkt einen weiteren sehr soliden Verkaufsschlager erschlossen - und nebenbei wieder mal eine ganze Produktkategorie revolutioniert. In unserem Apple-Store bekommen sich einen prominenten Platz direkt im Eingangsbereich.

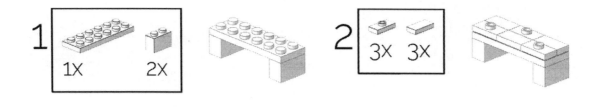

Der Apple Store: Genius Bar

Die »Genius Bar« ist die Anlaufstelle eines jeden Apple Stores. Freundliche Apple Mitarbeiter nehmen die Anliegen der Käufer wahr und helfen entsprechend weiter. Am Tresen werden Lösungen für Probleme gefunden, Fragen zu allen möglichen Themen beantwortet oder defekte Geräte ausgetauscht.

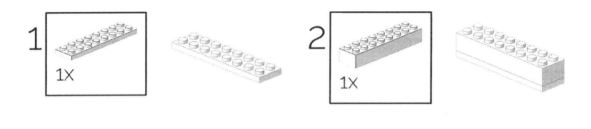

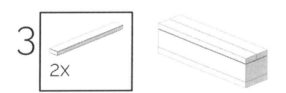

Der Apple Store: Bauabschnitt IV

Im vierten und letzten Bauabschnitt werden wir die Genius Bar und den Tisch mit den iPads platzieren. Der letzte Arbeitsschritt am Gebäude endet mit der Gebäudefront und dem Träger für das Apple-Logo.

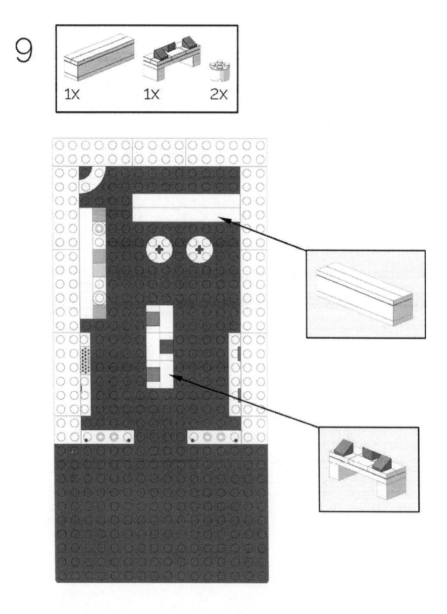

10

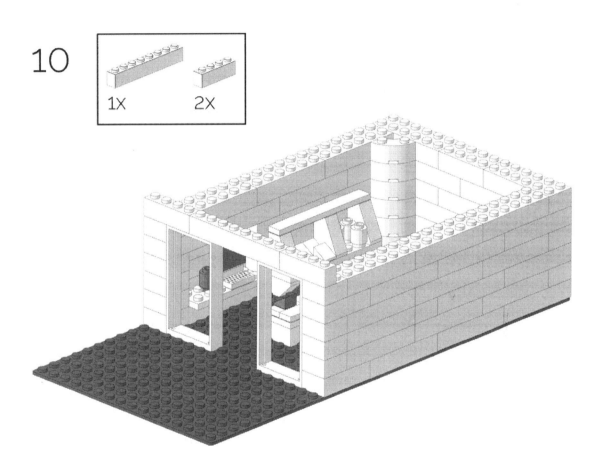

1X 2X

11

2x

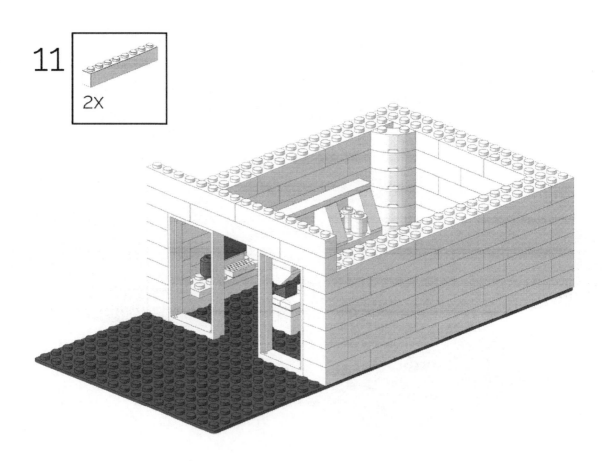

12

2X   1X

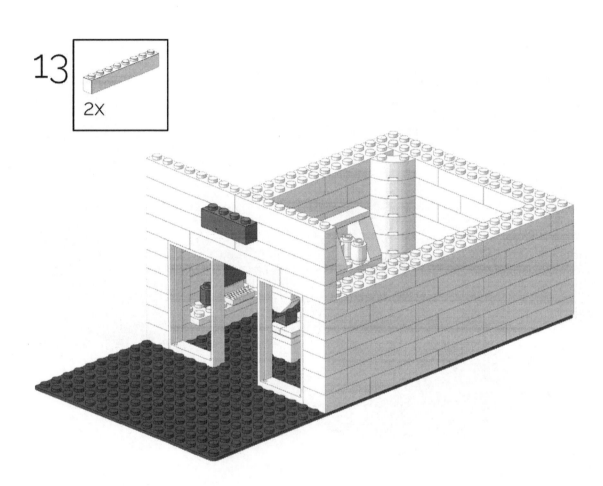

13 2x

14 1X 2X

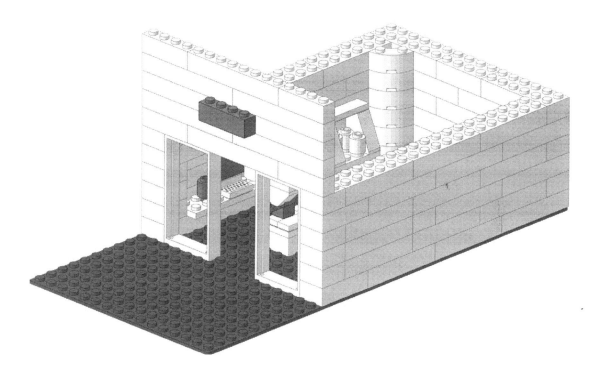

15

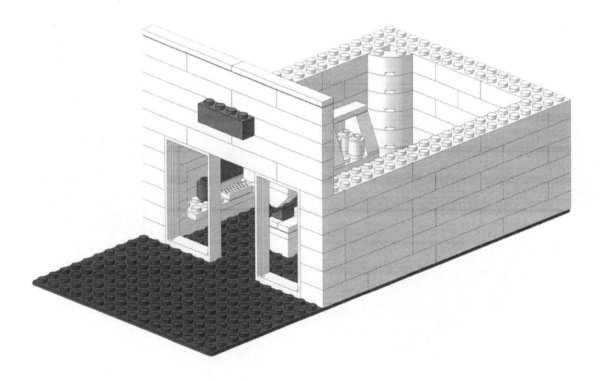

Der schwarze Träger eignet sich ausgezeichnet für die Anbringung des Apple-Logos.

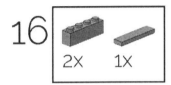

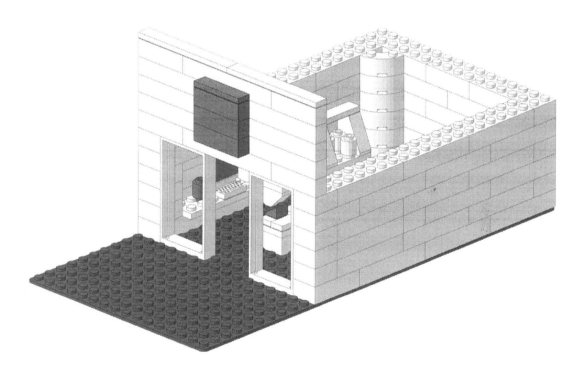

Der Apple Store: Mitarbeiter Minifigur

Die Mitarbeiter erwecken den Apple Store erstmals zum Leben. Mit ihren blauen (zur Weihnachtszeit auch mal mit roten) Oberteilen sind sie leicht erkennbar und helfen nicht nur an der Genius Bar weiter. Dank der Vielfalt an Minifiguren sind auch hier keine grenzen gesetzt. Ob Frau oder Männlein, so gut wie jede LEGO-Minifigur mit freundlichen Gesichtsausdruck eignet sich als potentieller Apple-Mitarbeiter in Deinem Apple Store.

Dein »fertiger« Apple Store

Du hast es geschafft. Herzlichen Glückwunsch zu Deinem ganz eigenen Apple Store, erschaffen aus über 150 Teilen LEGO.

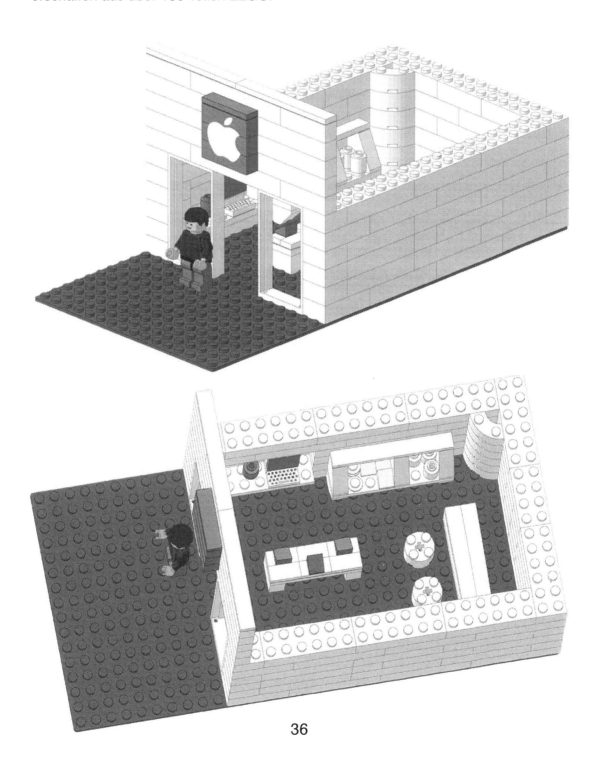

Anregungen

Der Fantasie sind keine Grenzen gesetzt. Anbei ein paar Inspirationen für ein gelungenes Diorama mit dem LEGO Apple Store als Kulisse.

Sorge für genügend Sicherheitspersonal. Der Verkauf vom neuen iPhone steht bevor. Bekanntlich ist an diesen Tage der Andrang besondern groß.

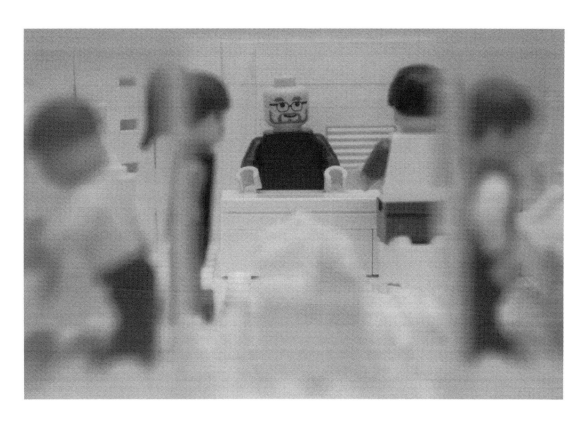

Erinnere an alte Zeiten, an denen Steve Jobs persönlich einen der Apple Store besuchte und hinter der Genius Bar stand.

Erwecke das (Stadt-)Leben ringsherum. Eine kleine Eisdiele verkauft leckeres Eis in der Ladenstraße vor unserem Apple Store.

Beobachte potentielle Käufer, wie sie sich für einen neuen Mac interessieren.

*Erhasche einen Blick in den angebauten Besprechungsraum, in dem »Steve Jobs«
und »Jony Ive« eine Produktschulung für den Apple Store Manager abhalten.*

#MyLegoAppleStore

Werde als erfolgreicher Erbauer Deines eigenen Apple Store ein Teil unserer Community. Zeige Dein Kunstwerk auf sozialen Netzwerken wie Facebook, Twitter oder Instagram oder gewinne neue Inspiration durch die kreativen Umsetzungen aus unserer FamousBrick-Community.

Unter dem Hashtag #MyLegoAppleStore lebt die Faszination von Apple und Lego auch außerhalb von dieser Bauanleitung weiter.

Eine Sammlung von schönen Einsendungen befindet sich u.a. auf unserer Community-Seite:
www.famousbrick.de/MyLegoAppleStore

 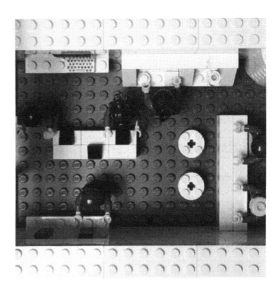

Instagram »famousbrickfan«

Foto und Apple Store von Daniel Chudoba

Foto und Apple Store von Marco Schröder / Mai + Schröder it-services

Printed in Poland
by Amazon Fulfillment
Poland Sp. z o.o., Wrocław

29646770R00029